100
infos à connaître

SAUVONS LA TERRE

Piccolia

100
infos à connaître

SAUVONS LA TERRE

Piccolia

Edition révisée 2021
Anna Claybourne
Consultant : Steve Parker

Remerciements aux artistes pour leur participation à l'élaboration de ce titre :
Julian Baker, Mike Foster
Page 6 Provided by the SeaWiFS Project, NASA/Goddard Space Flight Center, and ORBIMAGE; 9 micheldenijs/Shutterstock; 10 tomos3/iStock; 11 Bettmann/Getty, schaltwerk.de/Fotolia.com; 12 Tom Uhlman/Alamy; 13 Getty Images AsiaPac/China Photos/Getty; 14 ra-photos/iStock; 15 anweber/Shutterstock, AlbyDeTweede/iStock; 16 Nature Picture Library/Alamy, joxxxxjo/iStock; 17 Dean Conger/Corbis Historical/Getty, Getty Images AsiaPac/Ryan Pierse/Getty; 19 www.firebox.com; 20 Arctic Images/Alamy Stock Photo; 21 majorosl/iStock, Sunshine Solar Ltd, Gideon Mendel/Corbis Documentary/Getty; 22 Victor Habbick Visions/Science Photo Library; 23 AJSenviron/Alamy Stock Photo, Phil Schermeister/Corbis Historical/Getty; 24–25 MARKA/Alamy Stock Photo, egdigital/iStock; 24 Viviane Moos/Corbis Historical/Getty; 25 Sportstock/iStock; 26 David McNew/Getty Images North America/Getty; 27 clintspencer/iStock, iStock, John Dickson/Moment Open/Getty; 28 David Kesti/Fotolia.com; 30 Design Pics Inc/Alamy Stock Photo, AGRfoto/Alex Rowbotham/Alamy Stock Photo; 31 www.ecozone.co.uk, Imagebroker/FLPA; 32 Kpzfoto/Alamy Stock Photo, Christophe Simon/AFP/Getty; 33 Martin Harvey/Corbis Documentary/Getty; 34 Steve Estvanik/Fotolia.com, Per-Anders Pettersson/Getty Images News/Getty; 35 Olga Alexandrova/Fotolia.com, dejan750/iStock; 36 Lana/Fotolia.com; 37 Brian S.Turner/Corbis Documentary/Getty, iStock.com; 38 Katherine Feng/Globio/Minden Pictures/FLPA; 39 Jeremy Sutton-Hibbert/Alamy Stock Photo; 41 Dimas Ardian/Stringer/Getty Images AsiaPac/Getty; 42 MiklG/Fotolia.com; 43 (main) David Wall/Alamy Stock Photo, Jeffrey L. Rotman/Corbis Documentary/Getty; 44 Igor Bakirov/Fotolia; 45 Imagegallery2/Alamy Stock Photo, Bloomberg/Getty; 46–47 Mint Images/Frans Lanting/Getty

Autres photographies : PhotoDisc, Adobe Stock

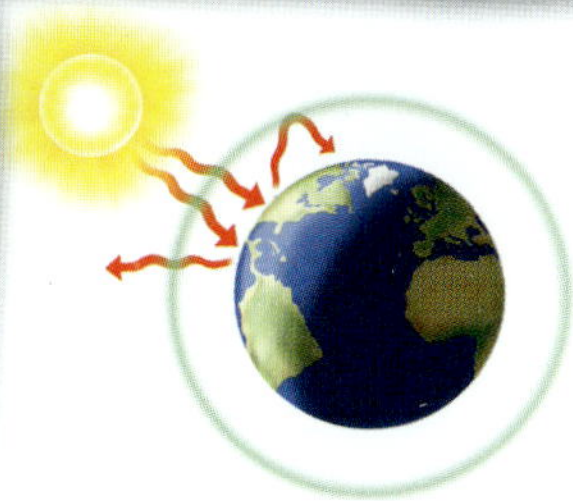

Sommaire

La Terre en danger

1 L'état de notre planète est alarmant ! Nous, les hommes, avon causé plus de dégâts sur la Terre que n'importe quelle autre espèce animale. Nous prenons possession des terres pour construire des villes et des routes, chassons les animaux jusqu'à leur extinction, produisons des déchets et polluons : les gaz émis par les voitures, les centrales électriques et les usines modifient la composition de notre atmosphère et réchauffent la planète. En changeant un peu nos habitudes pour vivre de façon plus écologique, nous pouvons essayer de sauver notre planète.

▼ À cause de la pollution qui réchauffe la Terre, des tempêtes de plus en plus puissantes se forment au-dessus des mers. Cette photo satellite montre le cyclone Frances se déplaçant au-dessus des Caraïbes en 2004.

Le réchauffement climatique

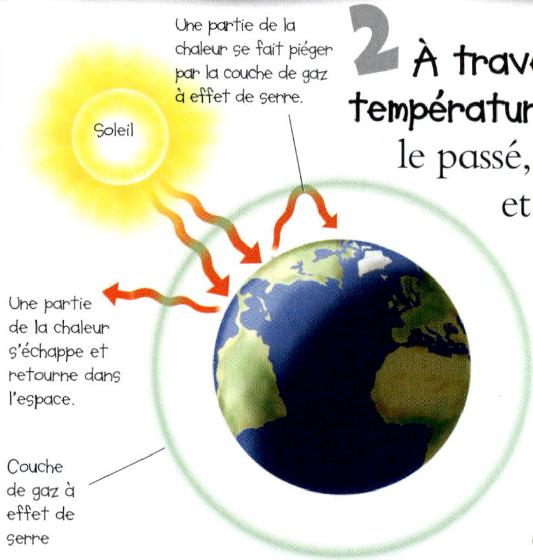

▲ Le réchauffement climatique se produit quand les gaz à effet de serre s'accumulent dans notre atmosphère. Ils laissent entrer la chaleur du Soleil et l'emprisonnent près de la surface de la Terre, réchauffant ainsi la planète.

2 **À travers son histoire, la Terre a vu sa température changer continuellement.** Dans le passé, il a fait plus chaud qu'aujourd'hui, et parfois, bien plus froid. Mais le réchauffement actuel se produit plus vite que la normale et les experts savent qu'il est dû aux hommes et non à la nature. Nous produisons en effet trop de gaz à effet de serre qui emprisonnent la chaleur du Soleil. Ces gaz sont essentiellement constitués de dioxyde de carbone (CO_2).

3 **Le réchauffement planétaire implique des bouleversements de climat.** Le temps change tous les jours : nous avons des journées chaudes et d'autres plus froides. Mais, en règle générale, le climat se réchauffe. Les scientifiques ont noté une augmentation des températures de près de 1 °C au cours des 100 dernières années, ce qui est énorme… surtout quand on sait que ce phénomène s'intensifie.

INCROYABLE !

Le niveau de la mer pourrait s'élever de près de 90 cm d'ici 2100 ! Il y a trois millions d'années, quand les terres de notre planète n'étaient qu'un immense continent (la Pangée), la mer était très élevée par rapport à aujourd'hui.

4 **Des températures plus chaudes engendrent des vents violents.** L'air en mouvement se déplace constamment entre des zones de haute ou de basse pression. Plus la différence de température entre ces deux endroits est élevée, plus le vent prend de la puissance. De plus, quand la chaleur transforme l'eau des mers et océans en vapeur dans l'air, cela forme des nuages. Lorsqu'ils se refroidissent en altitude, cette eau devient pluie. Des températures plus chaudes provoquent donc plus de vent, de pluie et de tempêtes !

La calotte glaciaire de l'Antarctique, au pôle Sud, renferme plus de 70 % des réserves d'eau douce du monde. À cause du réchauffement climatique, celle-ci s'amenuise chaque année.

◀ Dans l'océan Arctique, la glace fond tellement vite que les scientifiques pensent que plus de la moitié pourrait avoir disparu d'ici 2050.

▼ De gigantesques morceaux de glace se détachent de la banquise, dans la baie du Paradis en Antarctique.

5 La fonte des glaces est l'effet le plus visible du réchauffement de la planète.

D'immenses régions de la Terre sont recouvertes de glace, principalement autour des pôles Nord et Sud mais aussi sur les hautes montagnes. Aujourd'hui, le réchauffement climatique provoque la fonte de la glace : elle se transforme en eau et se déverse dans les océans, ce qui cause une augmentation inquiétante du niveau des mers.

▶ Les ours polaires ont besoin de banquises pour chasser et se reposer. La fonte des glaces de l'Arctique menace la survie de l'espèce.

La crise de l'énergie

6 Nous rejetons des gaz à effet de serre dans l'atmosphère lorsque nous brûlons des combustibles pour fabriquer de l'énergie. Les principaux sont le charbon, le pétrole et le gaz. Ils servent à faire fonctionner les voitures, les avions et les trains mais aussi à produire de l'électricité. On les appelle des combustibles fossiles car ils se sont formés sous terre, à partir de débris fossilisés.

7 Les combustibles fossiles sont en train de s'épuiser : c'est une énergie non renouvelable. Parce qu'ils mettent énormément de temps à se constituer, nous consommons les combustibles fossiles beaucoup plus vite qu'ils ne peuvent se former. Finalement, ils deviendront si rares que cela coûtera trop cher de les trouver et les extraire. Les experts pensent que cela arrivera avant la fin du XXIe siècle.

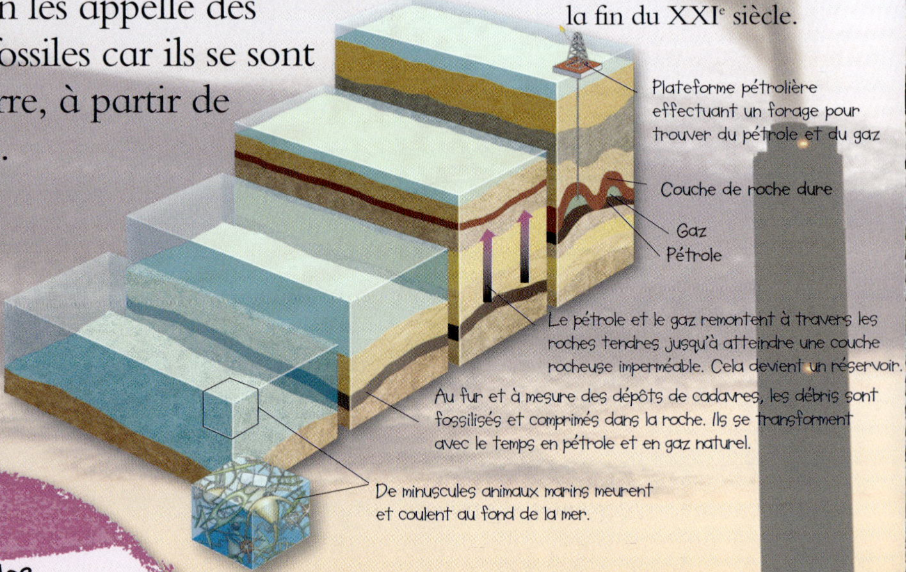

▶ Le pétrole et le gaz naturel se sont formés à partir des restes d'êtres vivants qui, accumulés dans le sous-sol pendant des milliards d'années, se sont fossilisés dans les profondeurs de la Terre. Avec le temps, ils se sont transformés en réserves souterraines de pétrole et de gaz naturel.

TEST

Quelles sont les énergies utilisées pour fournir de l'électricité ?
A. Brûler du charbon ; B. Le vent ; C. Le courant des cours d'eau ; D. Des hamsters sur des roues ; E. La lumière du Soleil ; F. Les tremblements de terre

Réponses : A, B, C et E. Les hamsters pourraient faire tourner des minituribines, mais cela produirait trop peu d'électricité. Les tremblements de terre contiennent une énorme quantité d'énergie, mais nous n'avons pas trouvé le moyen de l'exploiter.

8 D'autres combustibles permettent de produire de l'énergie. C'est le cas des biocarburants, généralement produits à partir de plantes ; ils libèrent moins de CO_2 dans l'atmosphère en se consumant. Le colza, par exemple, contient de l'huile qui peut servir de combustible pour les véhicules.

L'utilisation des combustibles fossiles est si importante depuis le XIXe siècle que l'humanité épuise ses réserves bien plus vite que ce que la nature met pour les constituer.

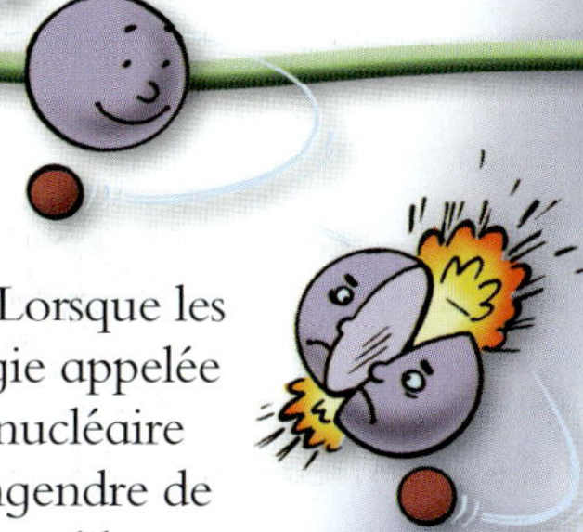

9 Le nucléaire est une autre forme d'énergie.

Toute matière est composée de petits éléments, les atomes. Lorsque les noyaux de ces atomes se transforment, ils libèrent de l'énergie appelée nucléaire. Celle-ci sert à produire de l'électricité. L'énergie nucléaire libère moins de gaz à effet de serre que d'autres mais elle engendre de nombreux déchets radioactifs qui peuvent être très dangereux s'ils sont accidentellement relâchés dans l'air. Des études sont menées pour trouver des méthodes de stockage sûres.

▲ Le barrage de Grand Coulee dans l'État de Washington, aux États-Unis, retient le lac de Franklin D. Roosevelt, qui s'étend sur 248 km. Il s'agit de l'une des plus grandes installations hydroélectriques au monde.

10 D'autres énergies sont produites sans combustion.

Les centrales hydroélectriques transforment la force de l'eau en énergie électrique, à l'aide d'une turbine et d'un générateur. L'hydroélectricité est une énergie propre et renouvelable : elle ne produit pas de gaz à effet de serre et sa source se régénère rapidement (contrairement aux combustibles fossiles). Les scientifiques cherchent également des techniques qui permettraient de transformer le mouvement des vagues.

11 Le vent et le Soleil sont aussi d'importantes sources renouvelables d'énergie.

En tournant, les pales des éoliennes actionnent des générateurs qui produisent de l'électricité. Les panneaux solaires fonctionnent en captant la lumière du Soleil qui est transformée en courant électrique.

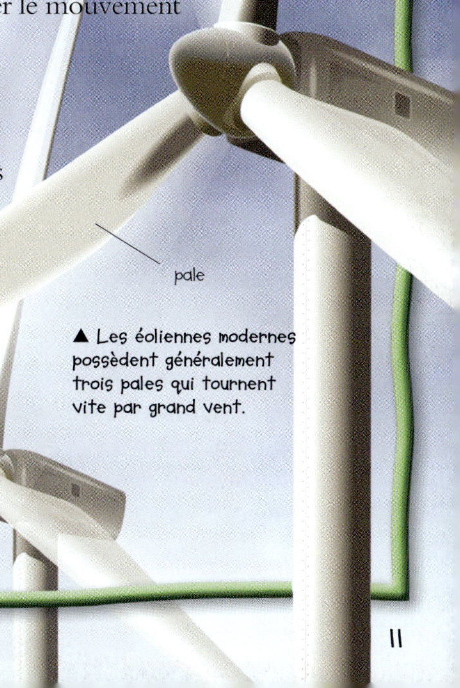

▲ Les éoliennes modernes possèdent généralement trois pales qui tournent vite par grand vent.

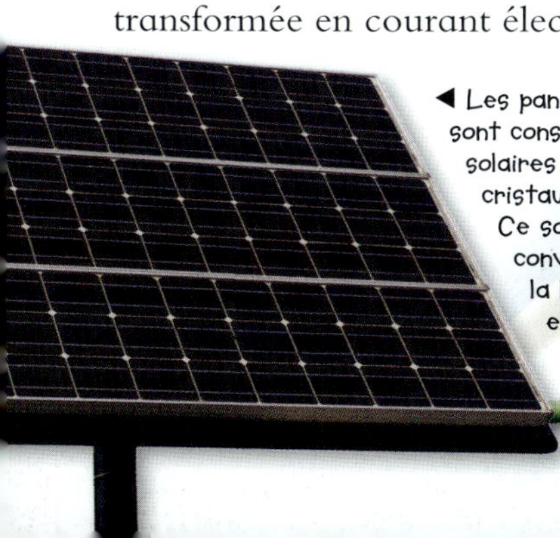

◀ Les panneaux solaires sont constitués de cellules solaires contenant des cristaux de silicium. Ce sont eux qui convertissent la lumière du Soleil en électricité.

Se déplacer

12 Les voitures dégagent beaucoup de gaz à effet de serre.

Les voitures dégagent beaucoup de gaz à effet de serre. Il y a 200 ans, personne n'en avait. Maintenant, il y a environ 500 millions de voitures dans le monde, et la plupart sont utilisées chaque jour. Les véhicules motorisés consomment de l'essence ou du gasoil, produits à partir de pétrole, un combustible fossile. Nous pouvons diminuer l'émission de gaz à effet de serre et ralentir le réchauffement climatique en réduisant l'utilisation des voitures.

▲ Les gaz d'échappement d'une voiture contiennent des gaz nocifs et polluants, dont le dioxyde de soufre, le dioxyde d'azote et le dioxyde de carbone.

13 Les bus, les tramways et les trains sont des transports publics que tout le monde peut utiliser.

Les bus, les tramways et les trains sont des transports publics que tout le monde peut utiliser. Il s'agit d'un mode de déplacement plus écologique que la voiture. Les bus peuvent transporter plus de 60 personnes à la fois, et les trains plusieurs centaines. S'ils consomment aussi du carburant, ils relâchent beaucoup moins de gaz à effet de serre par personne.

▼ Dans beaucoup de villes, il y a tellement de voitures que cela provoque de grands embouteillages. Elles roulent lentement, avec le moteur qui tourne, engendrant encore plus de pollution.

COMPTE TES PAS

Marcher est un excellent exercice pour rester en bonne santé et en plus, on n'émet aucun gaz à effet de serre ! Essaie de compter tes pas pendant une journée entière. Combien peux-tu en faire ? 3 000, 5 000 ou 10 000 ?

Voyager dans des véhicules fonctionnant avec des combustibles, tels que les voitures et les avions, pollue plus l'air que n'importe quelle autre activité humaine.

14 En volant, les avions émettent des tonnes de gaz à effet de serre.

Un vol aller-retour Paris/New York équivaut au quart des émissions que produit un Français en un an ! Pour les trajets les plus courts, mieux vaut choisir le bateau ou le train. Mais l'essor du tourisme international et la banalisation des voyages aériens risquent de faire empirer la situation.

▲ Les trains à sustentation magnétique sont dotés d'aimants qui leur permettent de se déplacer sans toucher les rails. Ils évitent ainsi les frottements et gagnent en vitesse. C'est la force magnétique qui les propulse : ils ne possèdent pas de moteurs et ne consomment donc pas de pétrole.

▲ Des cyclistes à Pékin, en Chine, lors de la journée mondiale sans voiture. Cette journée a été instaurée pour permettre de réduire la pollution.

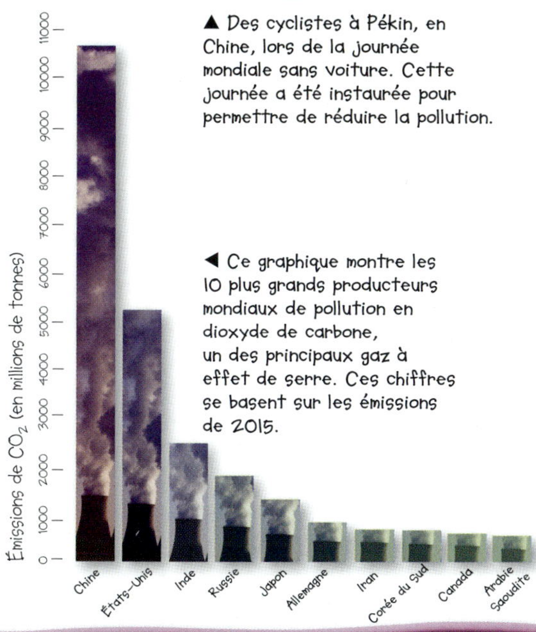

◀ Ce graphique montre les 10 plus grands producteurs mondiaux de pollution en dioxyde de carbone, un des principaux gaz à effet de serre. Ces chiffres se basent sur les émissions de 2015.

15 La façon la plus écologique de se déplacer reste la marche.

Pour les trajets courts, mieux vaut marcher plutôt que de prendre la voiture. Dans les bâtiments, ne prends pas systématiquement les escaliers roulants ou les ascenseurs car ils ont besoin d'énergie pour fonctionner. Emprunte les escaliers ! Se déplacer en vélo est également une bonne alternative pour ne pas polluer : une bicyclette ne consomme aucun carburant… seule la force de tes jambes lui permet d'avancer !

16 Les transports n'ont pas toujours fonctionné avec des moteurs et des turbines.

Autrefois, les bateaux n'avaient que des voiles ou des rames et étaient propulsés par la force du vent ou la force humaine. Les charrettes et les voitures étaient tirées par des animaux. Comme les combustibles fossiles s'épuisent, de vieux moyens de transport feront peut-être leur retour !

Économie d'énergie à la maison

17 Réduire sa consommation d'électricité permet de moins polluer et de faire des économies ! Une grande partie de l'électricité que nous utilisons est produite à partir de combustibles fossiles. Quand tu sors d'une pièce, n'oublie pas d'éteindre les lumières mais aussi la télévision ou tout autre appareil électrique. Pense à utiliser plutôt des ampoules basse consommation. Ainsi, tu réduiras ta production de gaz à effet de serre !

CINQ ASTUCES POUR ÉCONOMISER DE L'ÉNERGIE

Éteindre correctement les appareils électriques.
Pour les appareils qui n'ont pas de boutons « arrêt », débranche la prise car les laisser en mode veille consomme de l'électricité.

Mettre un couvercle sur les casseroles.
Cela économise de l'énergie en réduisant le temps de cuisson.

Ne pas trop remplir la bouilloire.
Faire bouillir la quantité d'eau nécessaire, pas plus.

Acheter des produits frais plutôt que des produits surgelés.
Beaucoup plus d'énergie est utilisée pour fabriquer des produits surgelés. Mieux vaut donc, quand c'est possible, en acheter des frais de saison.

Baisser le chauffage d'un degré.
La différence se remarque à peine, sauf sur la facture d'électricité : une économie d'environ 10 % !

18 Toutes sortes d'appareils électriques existent pour faire les choses à notre place, mais en avons-nous réellement besoin ? Des petits gestes quotidiens permettent de réduire sa consommation en électricité : se servir d'un balai au lieu de l'aspirateur, faire une pâte à tarte avec ses mains plutôt qu'avec un robot ménager, ne pas utiliser d'ouvre-boîtes ou de couteaux électriques… des gadgets très gourmands en énergie.

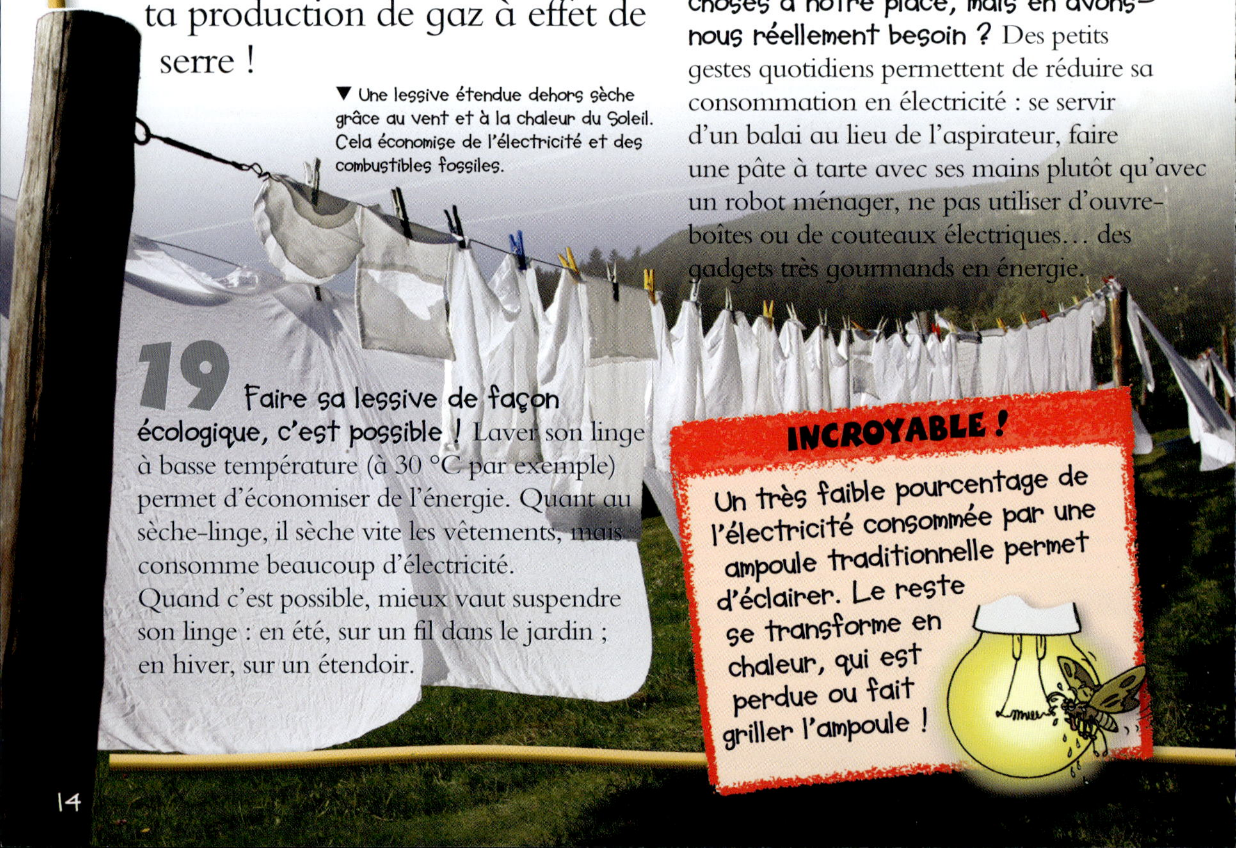

▼ Une lessive étendue dehors sèche grâce au vent et à la chaleur du Soleil. Cela économise de l'électricité et des combustibles fossiles.

19 Faire sa lessive de façon écologique, c'est possible ! Laver son linge à basse température (à 30 °C par exemple) permet d'économiser de l'énergie. Quant au sèche-linge, il sèche vite les vêtements, mais consomme beaucoup d'électricité.
Quand c'est possible, mieux vaut suspendre son linge : en été, sur un fil dans le jardin ; en hiver, sur un étendoir.

INCROYABLE !

Un très faible pourcentage de l'électricité consommée par une ampoule traditionnelle permet d'éclairer. Le reste se transforme en chaleur, qui est perdue ou fait griller l'ampoule !

Une maison française pourrait diminuer de moitié sa facture d'électricité en baissant le chauffage, en éteignant les lumières lorsqu'elles sont inutiles et en utilisant moins d'eau chaude.

20 Les panneaux solaires sont une manière écologique d'approvisionner sa maison en électricité.

Les panneaux solaires sont une manière écologique d'approvisionner sa maison en électricité. Ils fonctionnent comme une calculatrice solaire, en transformant instantanément la lumière du Soleil en électricité. Si une maison produit plus que ce dont elle a besoin, elle peut revendre le surplus d'électricité au distributeur local.

▼ Les panneaux solaires sont faits de cristaux de silicium qui convertissent la lumière solaire en électricité. Quand la lumière frappe les cristaux, des décharges électriques sont générées et canalisées dans des fils.

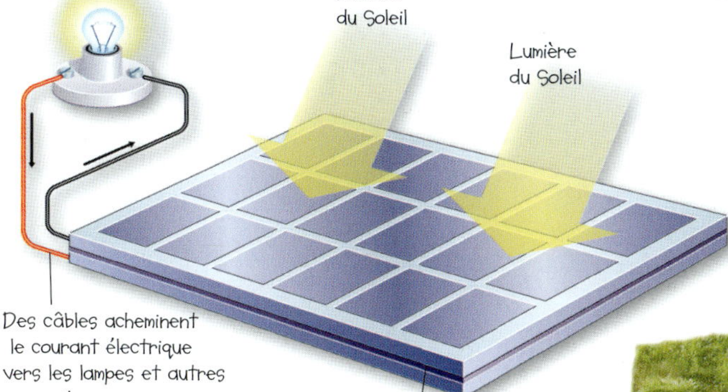

▲ Les panneaux solaires sont installés sur les toits ou dans les jardins pour fournir de l'électricité dans les maisons.

▼ Faire pousser du gazon sur le toit permet d'isoler efficacement sa maison : cela empêche la chaleur d'en sortir et d'être gaspillée. De plus, le jour, l'herbe absorbe du CO_2 et libère de l'oxygène.

21 Au lieu d'augmenter le chauffage dès qu'il fait froid, mieux vaut essayer de se réchauffer autrement !

Au lieu d'augmenter le chauffage dès qu'il fait froid, mieux vaut essayer de se réchauffer autrement ! Mets un pull supplémentaire ou, la nuit, ajoute une couverture sur ta couette. Une bonne isolation sur les murs et le toit ainsi que du double vitrage aux fenêtres permettent de conserver la chaleur à l'intérieur de la maison.

Acheter écolo...

▲ Les sacs en plastique s'amassent dans les décharges et mettent des centaines d'années à se dégrader. De plus, jetés n'importe où, ils nuisent aussi à la faune et à la flore.

22 Faire ses courses est un acte banal et quotidien mais cela peut engendrer de la pollution. En effet, ce que nous achetons – nourriture, vêtements, meubles – demande beaucoup d'énergie pour être produit puis transporté jusqu'au magasin. En consommant intelligemment, il est possible de moins polluer.

▶ Les sacs en toile peuvent être réutilisés plusieurs fois.

QUIZ

1. Quel type de sac est le plus écologique pour faire les courses : en plastique, en papier ou en toile ?
2. Qu'est-ce qui coûte le plus cher : un litre d'eau en bouteille ou un litre d'eau du robinet ?
3. Qu'est-ce qu'une fripe ?

Réponses :
1. Un sac en toile réutilisable.
2. Un litre d'eau en bouteille coûte jusqu'à 1 000 fois plus cher qu'un litre d'eau du robinet.
3. Un vêtement d'occasion

23 Il faut refuser les sacs en plastique. Ils sont fabriqués à partir de pétrole, un combustible fossile, qui pollue. Pourtant, nous n'utilisons souvent ces sacs qu'une seule fois avant de les jeter : cela engendre énormément de déchets qui ne se dégradent, pour certains, que 1 000 ans plus tard ! Mieux vaut faire ses courses avec un sac de toile réutilisable qu'il ne faut pas oublier chez soi !

Au cours des 30 dernières années, les couches jetables pour bébé sont de plus en plus utilisées mais certaines mettent jusqu'à 500 ans à se dégrader !

24 Quelle distance tes aliments ont-ils parcourue ?

Quelle distance tes aliments ont-ils parcourue ? La distance parcourue par les aliments s'appelle le kilomètre alimentaire. Certaines denrées viennent de très loin, transportées par avion… ce qui engendre d'énormes quantités de gaz à effet de serre. Faire ses courses directement à la ferme ou dans les marchés locaux en achetant des produits de saison réduit la pollution. Dans les supermarchés, regarde les emballages pour trouver des aliments qui ont été produits près de chez toi.

▲ Dans les Caraïbes, sur l'île de Saint-Vincent, les gens achètent des bananes cultivées localement. Une partie de la production est transportée dans d'autres pays par bateau, un moyen de transport beaucoup moins polluant que l'avion.

25 Pourquoi acheter de l'eau en bouteille ?

Pourquoi acheter de l'eau en bouteille ? Un litre d'eau fait un kilo. Le transport de bouteilles d'eau en grande quantité nécessite beaucoup de carburant, parfois sur de longues distances ! Sans compter que les bouteilles sont en plastique et génèrent de la pollution. Il est donc plus écologique de consommer l'eau du robinet à la maison, une eau tout à fait potable.

▼ Beaucoup d'objets peuvent être recyclés. Ici, ce papier australien est composé à 90 % de papier recyclé et à 10 % de crottes de kangourou !

26 Acheter des articles d'occasion est un moyen efficace d'économiser de l'énergie.

Acheter des articles d'occasion est un moyen efficace d'économiser de l'énergie. Quand on achète des vêtements, des meubles ou des livres d'occasion, rien de neuf n'a en effet besoin d'être produit en usine.

Réduire, réutiliser, recycler.

27 On achète souvent plus que ce dont on a réellement besoin. Nous voulons les derniers habits à la mode, le jouet qui vient de sortir ou la voiture la plus récente, alors qu'on pourrait bien s'en passer. On appelle cela la société de consommation. Réduire, réutiliser et recycler est une devise que nous devrions mettre en pratique tous les jours !

28 Réduire ses achats est un bon point de départ. Il vous est déjà probablement arrivé, à ta famille ou à toi, d'acheter quelque chose que vous n'avez jamais utilisé ensuite. Voilà pourquoi il faut toujours réfléchir et s'assurer que l'achat est bien utile. Acheter moins, cela implique que moins de produits auront besoin d'être fabriqués, transportés et jetés. De plus, cela fait faire des économies !

Les bouteilles en verre vides vont dans la benne à recyclage.

► Ce graphique montre la quantité d'énergie économisée lorsqu'on utilise des matériaux recyclés pour en faire de nouveaux produits.

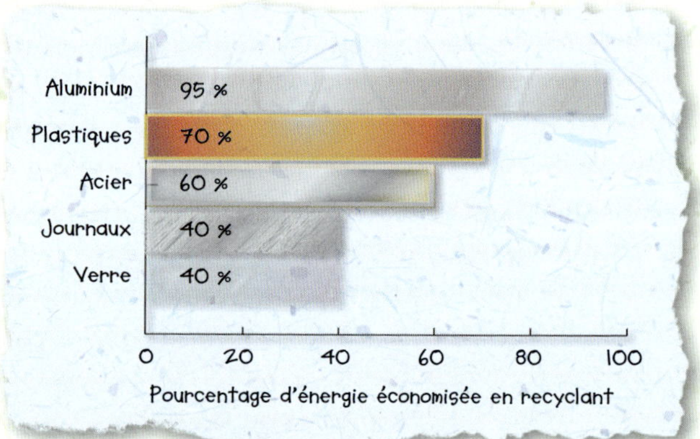

29 Recycler signifie que des matériaux déjà utilisés vont être transformés en objets nouveaux. Cela permet d'économiser de l'énergie et de générer moins de déchets. Le papier, le carton, les boîtes de conserve, le verre et certains plastiques peuvent être recyclés. Certaines municipalités les collectent. Sinon, il faut les emmener dans des points de collecte ou dans les déchetteries.

Les bouteilles, collectées dans les bennes, sont transportées vers une usine de recyclage du verre.

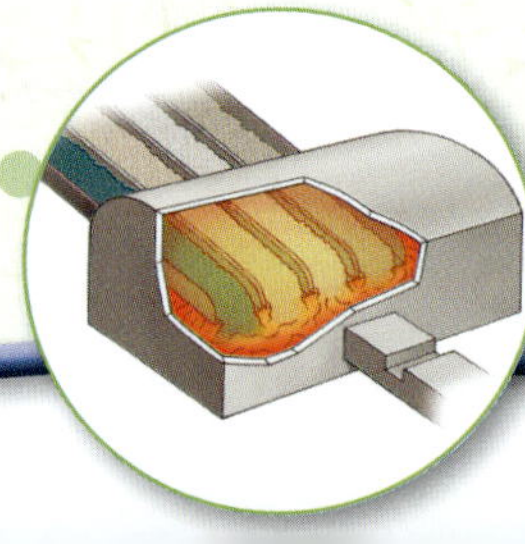

Le verre est nettoyé et brisé en tout petits morceaux : le calcin. Il va servir à la fabrication... du verre !

En recyclant une seule bouteille de verre, on économise suffisamment d'énergie pour alimenter une ampoule de 100 watts pendant 4 heures !

30

Nous vivons dans une « société de consommation ». Nous sommes habitués aux objets jetables que l'on n'utilise qu'une seule fois. Quand un objet casse, c'est facile d'en acheter un autre. Mais le fabriquer et le transporter épuise les matières premières et pollue. Mieux vaut réutiliser certains objets au lieu de les jeter : raccommoder ses vêtements quand ils ont un petit trou ou lorsqu'un bouton manque, utiliser les récipients d'aliments vides comme boîtes de rangement…

INCROYABLE !

Les objets d'aujourd'hui sont généralement conçus pour ne pas durer très longtemps. Cela s'appelle « l'obsolescence programmée ». Les fabricants espèrent ainsi que leurs clients achèteront régulièrement des objets neufs pour remplacer ceux hors service !

▼ Ces sacs de courses ont été fabriqués à partir de matériaux recyclés. Cela économise des matières premières et diminue l'usage des sacs en plastique.

31

Si tu ne veux vraiment plus d'un objet, peut-être que quelqu'un d'autre en aura besoin ! C'est pourquoi, plutôt que de les jeter, il ne faut pas hésiter à donner ses vieux habits, meubles, livres et jouets à des associations, ou à les vendre lors d'une brocante par exemple.

Les bouteilles sont vendues, utilisées et peuvent ensuite être de nouveau recyclées.

▼ Le verre recyclé sert à la fabrication de nouveaux bocaux ou bouteilles en verre. Il est également utilisé à la production de matériaux isolants, du béton et de l'asphalte. Finement broyé, il peut remplacer le sable des bunkers (fossés) sur les parcours de golf !

Les bouteilles sont remplies avec des boissons et étiquetées.

Le verre liquide est moulé par soufflage pour produire de nouvelles bouteilles.

Des machines écologiques

32 Pour diminuer notre consommation d'énergie, nous pouvons réduire l'utilisation des machines ou en utiliser des plus écologiques. Les scientifiques travaillent sans cesse sur de nouveaux modèles d'appareils électriques et de voitures qui consommeraient moins voire plus du tout d'électricité ou de carburant !

33 Lorsqu'il est brûlé, l'hydrogène ne libère que de la vapeur d'eau et aucun gaz à effet de serre. Certaines voitures roulent déjà à l'hydrogène et ne polluent donc pas. Avec la pénurie des énergies fossiles, ces voitures pourraient se multiplier. Néanmoins, l'hydrogène est un gaz qui n'est pas présent naturellement dans l'atmosphère… Il faut donc le fabriquer, ce qui engendre de la pollution.

INCROYABLE !

Les véhicules à propulsion humaine les plus rapides sont les vélos couchés, que le cycliste conduit allongé sur le dos. Ils peuvent atteindre plus de 130 km/h.

▼ Dans le futur, nous serons peut-être nombreux à utiliser une voiture à hydrogène. Nous irons faire le plein dans une station d'hydrogène comme celle montrée ci-dessous.

Un réfrigérateur ou un congélateur presque vide gaspille de l'énergie !

34 **Tu as peut-être déjà voyagé à bord d'un train ou d'un bus électriques.** Au lieu de fonctionner à l'essence, ils utilisent de l'électricité provenant d'une grosse batterie ou de câbles aériens. Cela permet de réduire la pollution dans le centre des villes.

▲ On trouve des tramways électriques dans de nombreuses villes à travers le monde. Ils fonctionnent grâce à l'électricité contenue dans des caténaires (câbles aériens).

35 **Sais-tu que les gros appareils électroménagers comme le réfrigérateur, la machine à laver le linge ou la vaisselle pouvaient être plus écologiques ?** Des normes européennes encouragent les appareils les plus récents à être classés selon leurs performances écologiques. Les mieux classés sont les plus économes en électricité et en produits consommés, comme l'eau par exemple. Il ne nous reste plus désormais qu'à les acheter !

▶ Ce chargeur solaire pour téléphones portables fonctionne grâce à de petits panneaux solaires qui transforment la lumière du Soleil en électricité.

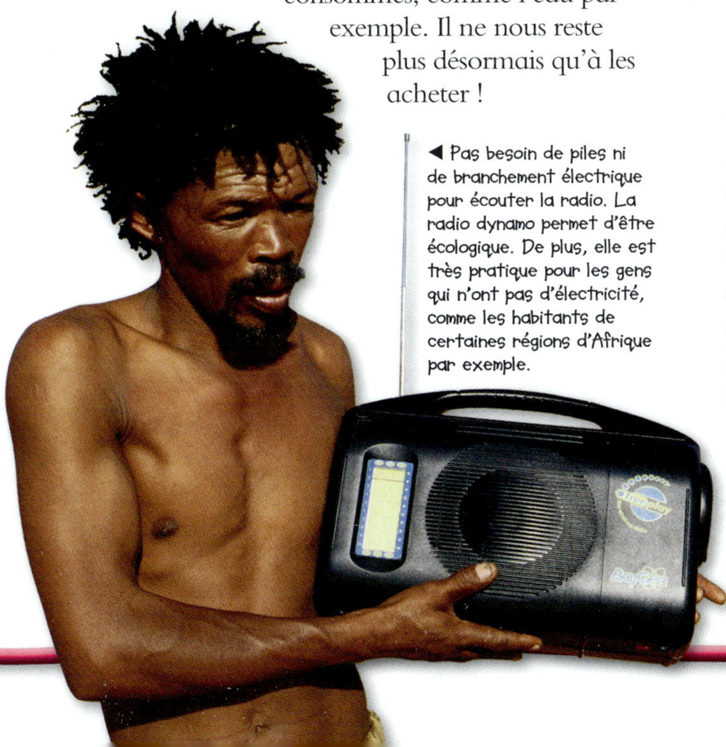

◀ Pas besoin de piles ni de branchement électrique pour écouter la radio. La radio dynamo permet d'être écologique. De plus, elle est très pratique pour les gens qui n'ont pas d'électricité, comme les habitants de certaines régions d'Afrique par exemple.

36 **Des radios, des lampes torches et des chargeurs pour téléphones portables sont équipés de dynamo.** Il suffit de tourner la manivelle, et l'énergie développée par ce mouvement est transformée en courant électrique dans l'appareil. Ainsi, plus besoin de piles ni de branchement électrique… ce qui permet de réduire les déchets et les gaz à effet de serre !

Les solutions de la science

37 **Si consommer moins d'énergie est un moyen efficace de ralentir le réchauffement climatique, il en existe d'autres !** Les scientifiques proposent une foule de solutions, dignes de romans de science-fiction, pour tenter de « rafraîchir » notre planète.

38 **Certains scientifiques songent à refroidir artificiellement la Terre, en faisant baisser les températures.** La solution la plus envisageable serait d'envoyer de minuscules particules de sulfate dans la haute atmosphère : elles réfléchiraient partiellement les rayons du Soleil pendant plusieurs années. L'envoi d'un miroir géant entre la Terre et le Soleil est un autre projet, plus futuriste. Ces expériences ne seront tentées qu'en cas d'extrême urgence car leur mise en œuvre coûte extrêmement cher.

INCROYABLE !

En un seul jour, une vache peut éructer 500 litres de méthane. Cela suffirait à gonfler plus de 100 ballons de baudruche !

Les scientifiques expérimentent des méthodes de stockage souterrain où de grandes quantités de CO2 seraient emmagasinées sous forme de cristaux solides. Ainsi, le dioxyde de carbone ne pourrait plus s'échapper dans l'atmosphère.

39 Le dioxyde de carbone peut être naturellement absorbé par les plantes.

Grâce à la lumière du Soleil et à leur chlorophylle, elles emmagasinent naturellement le CO_2, un important gaz à effet de serre. Il suffirait donc de planter beaucoup d'arbres pour ralentir le réchauffement climatique. Les scientifiques étudient aussi le moyen de cultiver des algues vertes sur nos côtes, qui ont les mêmes propriétés que les plantes terrestres.

▶ On peut voir une énorme étendue d'algues vertes près des berges du lac Tahoe, aux États-Unis. Composées de millions de cellules minuscules, ces algues absorbent de grandes quantités de dioxyde de carbone. Les scientifiques travaillent sur la culture des algues vertes que nous pourrions introduire dans les mers et les océans. Mais, il faut faire attention car si elles deviennent trop envahissantes, elles peuvent tuer les plantes et animaux marins qui y vivent !

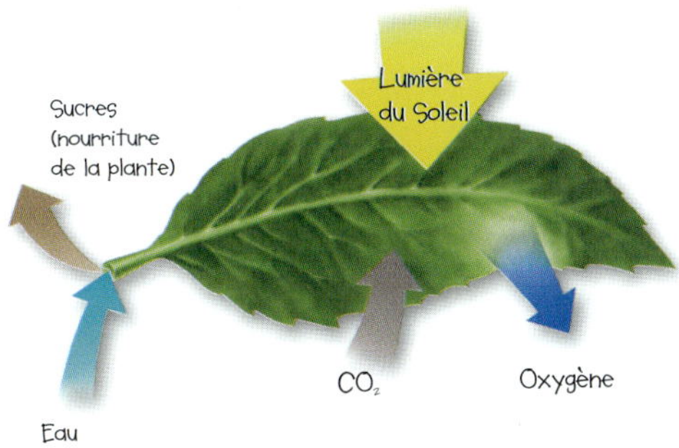

▲ Les plantes se nourrissent en utilisant la lumière du Soleil, par un procédé appelé photosynthèse. Grâce à la chlorophylle, elles consomment du dioxyde de carbone et libèrent de l'oxygène.

40 Une autre solution est possible :

piéger le dioxyde de carbone avant qu'il ne s'échappe dans l'atmosphère. Des dispositifs capturant le CO_2 dans les centrales électriques et dans les cheminées des usines existent déjà. Mais le piéger ne suffit pas : il faut ensuite savoir le stocker de manière à le rendre inoffensif. Les scientifiques sont toujours à la recherche de méthodes efficaces.

41 Lorsqu'ils digèrent, les herbivores, et notamment les vaches, produisent beaucoup de gaz qui contiennent du méthane.

C'est un gaz à effet de serre ! Les scientifiques essayent d'élaborer une nouvelle alimentation pour les vaches afin qu'elles produisent moins de méthane.

▼ Une bâche aux propriétés isolantes et réfléchissantes recouvre une partie du glacier de Tortin, en Suisse, pour en ralentir la fonte.

Les problèmes de pollution

42 La pollution est l'introduction de substances nocives dans l'environnement qui perturbent son équilibre. Il existe une pollution anthropique (créée par l'homme) et une autre d'origine non humaine. Celle d'origine humaine se manifeste sous diverses formes : rejet de substances chimiques dans les rivières et les lacs, libération de gaz toxiques par les véhicules, accumulation des ordures...

▼ Une épaisse couche de smog, un nuage de pollution, flotte sur Bangkok, la capitale de la Thaïlande.

43 Les hommes produisent des déchets quand ils vont aux toilettes. Les eaux usées, qu'on appelle les eaux-vannes, sont rejetées dans les égouts puis traitées et purifiées dans des stations d'épuration. Mais à certains endroits, les égouts se jettent directement dans les rivières ou dans la mer. Cela peut être très dangereux car ces déchets véhiculent des maladies.

44 La pollution a des effets néfastes sur notre santé. Le mot « smog » vient de l'anglais : smoke (fumée) et fog (brouillard). Le smog se forme au-dessus des grandes villes, quand les gaz d'échappement des voitures et autres se combinent à l'oxygène de l'air. Chauffés à de fortes températures par les rayons du Soleil, ces gaz créent un épais nuage d'ozone, de dioxyde d'azote et d'autres gaz toxiques, qui irrite voire endommage définitivement les poumons.

◀ Les habitants de Kuala Lumpur, la capitale de la Malaisie, portent des masques pour ne pas respirer le smog.

Les scientifiques ont découvert que la pollution sonore pouvait rendre les gens malades et augmenter les problèmes cardiaques.

◀ Les gens qui vivent près des aéroports souffrent du bruit des avions passant à basse altitude au-dessus de leur maison.

45 Le bruit est lui aussi une forme de pollution. Les personnes vivant près des aéroports ou des autoroutes peuvent contracter de graves maladies nerveuses voire cardiaques ! Au fond de l'eau, la pollution sonore existe aussi. Due, entre autres, aux bateaux ou aux sous-marins, elle menace les baleines. Les bruits émis par l'homme les empêchent de communiquer entre elles : elles sont complètement désorientées !

46 La pollution de l'air peut entraîner des pluies acides. L'activité humaine libère du dioxyde de soufre et de l'oxyde d'azote dans l'atmosphère. À leur contact, l'eau contenue dans les nuages devient acide. En retombant sous forme de pluies, elle peut affecter gravement notre écosystème.

47 Il faut toujours jeter ses ordures à la poubelle : une partie pourra être recyclée et le reste sera emmené dans une décharge. Certes, nous produisons beaucoup trop de déchets dont nous avons du mal à nous débarrasser… mais les jeter n'importe où dans la nature accentue les problèmes de pollution.

VRAI OU FAUX ?

1. Les ordures ne sont pas un problème si elles sont jetées à la poubelle.
2. Les pluies acides peuvent te faire tomber le nez.
3. Les baleines peuvent se perdre à cause de la pollution sonore dans les océans.

Réponses :
1. Faux. Elles continuent de s'accumuler dans les décharges.
2. Faux. En revanche, elles peuvent dissoudre et faire disparaître le nez en pierre d'une statue.
3. Vrai.

▶ Dans les décharges, les déchets s'accumulent, formant d'immenses montagnes d'ordures qui sont aplaties au rouleau compresseur.

Attention à nos déchets !

48 Lorsqu'ils quittent ta maison, les déchets ont encore un long chemin à parcourir. Une peau de banane, par exemple, va pourrir et disparaître rapidement. Mais des matériaux fabriqués par l'homme, comme le plastique, mettent très longtemps à se dégrader. C'est pourquoi les décharges se remplissent vite et nous devons sans cesse trouver de nouveaux sites pour stocker nos déchets.

◄ Les feux de forêt causés par des détritus abandonnés, comme des bouteilles en verre ou des mégots de cigarette, peuvent être mortels. Les éteindre coûte également beaucoup d'argent. Ici, un hélicoptère largue de l'eau pour éteindre un incendie.

49 Abandonner une bouteille en verre dans un champ sec ou dans une forêt peut déclencher un incendie. Quand ils sont incurvés, les tessons (débris) de bouteille peuvent agir comme une loupe. S'ils concentrent la chaleur du Soleil sur une zone d'herbe sèche, cela peut déclencher un feu.

INCROYABLE !

Les gens jettent beaucoup de détritus lorsqu'ils sont en voiture, parce qu'ils pensent pouvoir fuir rapidement ! Cependant les gouvernements créent de nouvelles lois pour limiter ces pratiques.

Pour résoudre le problème des chaussées maculées de chewing-gums collés, des scientifiques ont inventé le « Clean Gum », un chewing-gum biodégradable qui ne colle pas !

▶ Certaines personnes abandonnent leurs ordures n'importe où. Appelée « décharge sauvage », cette pratique a des impacts très néfastes sur l'environnement.

50 Certaines personnes prennent la campagne ou d'autres lieux pour des décharges.

De gros objets comme des matelas, des réfrigérateurs ou des chariots de supermarché sont parfois jetés au bord des routes ou dans les rivières. Non seulement ils défigurent le paysage mais ils peuvent également libérer des substances toxiques en se dégradant.

▲ L'habitat naturel de ces canards est pollué par des bouteilles en plastique.

51 Jeter ses ordures n'importe où peut avoir de graves conséquences.

Par exemple, les sacs en plastique laissés sur les plages s'envolent vers le large ou sont emmenés par les marées. Quand ils se retrouvent en mers, les tortues marines croient qu'il s'agit de méduses et les mangent. Elles meurent aussitôt, étouffées ! Assumer nos déchets (sacs en plastique, canettes, bouteilles…) est la moindre des choses que l'on puisse faire donc jetons-les dans des poubelles !

▼ Les filets de pêche laissés sur la plage ou près des côtes peuvent être dangereux pour les animaux marins. Ici, ce phoque s'est emmêlé dans un de ces filets et ne sait pas comment s'en débarrasser !

52 Les lignes de pêche abandonnées près des rivières ou des lacs peuvent nuire à la faune aquatique.

En les mangeant, les plombs sur une ligne de pêche peuvent empoisonner les oiseaux aquatiques tels que les cygnes. Les gens qui vont pêcher doivent s'assurer de ne jamais oublier de matériel.

Que faire de nos ordures ?

53 **Nous pouvons réduire la quantité de déchets que nous produisons.** Avant de jeter un objet, par exemple, demandons-nous s'il ne pourrait pas plutôt être recyclé ou réutilisé. Évitons également d'acheter des choses que nous devrons jeter après une seule utilisation (vaisselle en plastique, lingettes ménagères…)

▲ Ce type de bac est utilisé pour fabriquer du compost.

FABRIQUE DU COMPOST

Fais un tas de déchets organiques (épluchures de fruits et de légumes, feuilles mortes, pelouse tondue…) dans un coin de ton jardin. Mélange-le et retourne-le régulièrement. Plusieurs mois sont nécessaires avant que ces déchets ne se décomposent et ne se transforment en compost. Quand il est prêt, c'est un engrais naturel que tu peux mélanger à la terre de ton jardin ou à celle de tes plantes en pot.

54 **Au lieu de jeter les épluchures de fruits et de légumes, mieux vaut les transformer en compost.** Lorsque les épluchures se décomposent, elles se transforment en un produit riche en humus, utilisé pour améliorer la qualité de la terre. Faire du compost nécessite un endroit à l'extérieur où entasser ses détritus. Mais il existe également des bacs spécialement réservés à sa fabrication.

Le procédé du compostage

1. Faire un tas de détritus avec notamment des épluchures de fruits et de légumes, des sachets de thé, des feuilles mortes, des coquilles d'œufs, du marc de café…
2. De minuscules organismes, les bactéries, commencent à décomposer les détritus, ce qui provoque de la chaleur.
3. Les micro-organismes deviennent moins nombreux car la température baisse à cause des vers de terre qui aèrent les détritus en décomposition.
4. Les vers de terre se retirent. Le compost est un produit brun et humide qui sent la terre.

Un foyer produit en moyenne une tonne de déchets par an !

55 **Des millions de piles jetables finissent chaque année à la décharge.** Elles mettent très longtemps à se décomposer et libèrent des produits chimiques dangereux. Mieux vaut utiliser des piles rechargeables, qui, une fois vides, peuvent être réapprovisionnées en énergie à partir du secteur, et réutilisées de nombreuses fois.

56 **Les produits que nous achetons sont souvent enveloppés dans de multiples papiers et cartons.** Nous jetons ces emballages inutiles immédiatement. C'est pourquoi il faut essayer de choisir des produits peu emballés voire pas du tout.

57 **Choisir des objets réutilisables plutôt que des jetables permet de réduire la quantité de nos déchets.** Serviettes, mouchoirs, nappes en papier, lingettes ménagères, couches jetables, assiettes en carton ou couverts en plastique sont tous des objets que nous n'utilisons qu'une seule fois. Il est plus écologique de se servir d'objets lavables et réutilisables (serviettes, nappes et mouchoirs en tissu, chiffons, vaisselle nettoyable...)

▼ Une grande partie de nos déchets est composée d'emballages qui ne nous ont servis à rien !

TEMPS DE DÉCOMPOSITION

Fruits et légumes	de 2 jours à 2 ans
Journaux	6 mois
Canettes métalliques	de 100 à 500 ans
Couches jetables	de 200 à 500 ans
Sacs en plastique	jusqu'à 1 000 ans
Bouteilles en plastique	de 100 à plus de 1 000 ans

Réduire la pollution

58 Les grandes entreprises doivent réduire la pollution qu'elles génèrent. Des lois existent : elles leur interdisent de rejeter des produits chimiques dans la nature et limitent leurs émissions de gaz toxiques. Malheureusement, ces lois n'ont pas de véritable impact et ne sont pas toujours respectées ! Mais des associations de protection de l'environnement, comme Greenpeace, se battent pour que des lois plus sévères soient mises en place.

▲ Ce tracteur répand des produits chimiques sur les cultures pour les débarrasser des insectes nuisibles et des mauvaises herbes. Quand il pleut, ces produits toxiques sont entraînés en profondeur pour rejoindre ensuite les cours d'eau. Ils font de gros dégâts sur la faune et la flore sauvages !

59 Les herbicides et les pesticides débarrassent les mauvaises herbes et les insectes parasites des plantes. Cependant, comme ces produits sont toxiques, ils tuent d'autres plantes et animaux, et polluent l'environnement. Éliminer à la main les herbes et les insectes nuisibles est un acte écologique.

◀ Ce tracteur utilise une autre méthode : il coupe les mauvaises herbes entre les cultures au lieu de répandre de l'herbicide. Cela permet de garder l'environnement plus propre.

Les gens se lavent plus souvent qu'ils ne le faisaient autrefois : ils utilisent davantage de savon. Ce phénomène où l'hygiène corporelle est devenue si importante a donné naissance à toute une gamme de produits peu écologiques...

60 Nettoyer sa maison peut salir la planète ! Les détergents sont des produits toxiques. Lorsqu'ils sont déversés dans les éviers, ils peuvent atteindre les réserves d'eau et les polluer. Il faut essayer d'en utiliser le moins possible ou de les remplacer par des produits naturels. Par exemple, un chiffon imbibé de vinaigre blanc est très efficace pour nettoyer les vitres !

▶ Certains fabricants proposent des boules réutilisables qui contiennent des billes de céramique naturelle et permettent de laver ses vêtements sans utiliser de lessive.

61 La peinture, les dissolvants et les vernis contiennent des produits toxiques. Ces substances chimiques ne se dégradent pas naturellement lorsqu'elles sont jetées : elles polluent. Parfois, les communes récupèrent ces produits pour les réutiliser. Sinon, pour s'en débarrasser, le plus sage est de les amener dans une déchetterie.

62 Les shampooings, les crèmes de beauté et le maquillage contiennent des produits polluants. De plus en plus de personnes utilisent des fruits, des légumes ou des huiles naturelles pour fabriquer leurs propres produits de beauté. Écologique, c'est meilleur pour la santé ! L'huile d'olive, par exemple, est réputée pour ses propriétés hydratantes et adoucissantes.

▲ Les noix de lavage sont les fruits du *Sapindus mukorossis*, ou arbre à savon. Elles contiennent une substance savonneuse naturelle, la saponine, que l'on peut utiliser pour laver les vêtements.

PRÉPARE UN BAIN DE PIEDS

Mélange :
1 cuillère à soupe d'avoine fine
1 cuillère à soupe de lait écrémé en poudre
Remplis une vieille chaussette propre avec le mélange obtenu et fais un nœud pour la fermer. Dans un récipient d'eau tiède, laisse-la tremper quelques minutes puis enlève-la. Mets tes pieds dans l'eau pendant 20 minutes.

La nature en danger

▲ Des animaux sauvages, comme les crocodiles ou les serpents, sont encore tués pour leur peau qui sert à la fabrication de sacs et autres accessoires.

63 L'homme est à l'origine de l'extinction de nombreuses formes de vie sur Terre. Pour construire des villes, des routes, des usines…, l'homme s'est approprié des territoires où vivaient des animaux et des plantes sauvages. Comme leur habitat a été envahi et détruit, ils ont commencé petit à petit à disparaître.

▼ Cet oiseau est couvert du pétrole déversé par un pétrolier (un bateau transportant du pétrole). Si des oiseaux comme celui-ci ne sont pas nettoyés, ils finissent par mourir.

64 Les déchets toxiques, les marées noires et les pesticides sont dangereux pour la nature. Dans les années 1950, un insecticide, appelé DDT, était très utilisé pour éradiquer les parasites de nos cultures. Mais de nombreux animaux furent touchés par ce poison. Par exemple, des oiseaux se mirent à pondre des œufs dont la coquille était si fine qu'ils cassaient facilement. Ne pouvant plus se reproduire, ils sont en voie de disparition.

Certaines personnes massacrent des animaux protégés pour leurs os qui leur servent d'ingrédient de base pour certains remèdes de la médecine traditionnelle.

65 Non contents de détruire leur habitat naturel, certains hommes chassent la faune et la flore sauvages pour satisfaire leurs besoins. Les animaux sont traqués pour leur peau, leur viande voire certaines parties de leur corps (comme les défenses en ivoire des éléphants). Quant aux plantes, elles sont recherchées pour leur propriété ou leur rareté. Mais à force de les tuer, ces animaux et plantes finissent par disparaître.

◀ Ces gardes du parc national de Dzanga-Ndoki en République centrafricaine ont attrapé des braconniers en train de chasser des animaux protégés.

QUIZ

Que signifient ces mots ?

1. Éteinte – 2. Espèce – 3. En voie d'extinction – 4. Habitat

Réponses :
1. Disparue, qui n'existe plus.
2. Ensemble d'animaux ou de végétaux qui ont le même patrimoine génétique, vivent et s'accouplent exclusivement entre eux.
3. Qui risque de s'éteindre.
4. Environnement dans lequel vit une plante ou un animal.

66 Les activités humaines ont anéanti plusieurs espèces d'animaux et végétaux. Lorsqu'une espèce disparaît, on dit qu'elle est éteinte. Le grand pingouin, un oiseau marin, s'est éteint au milieu du XIXe siècle, victime de la chasse. Comme lui, de nombreuses espèces disparaissent ou sont en voie d'extinction, telles que les tigres ou le gorille des montagnes.

▼ L'orang-outan est une espèce appartenant aux grands singes, très proche de l'espèce humaine. Elle est aujourd'hui menacée.

67 Lorsqu'une espèce risque de s'éteindre, on dit qu'elle est menacée d'extinction. Ce vocabulaire permet d'informer les gens sur les dangers encourus par certaines espèces animales et végétales. Ainsi, des lois sont votées pour protéger ces espèces contre les chasseurs et les collectionneurs.

Sauver les habitats

68 **Si nous voulons sauver la faune et la flore sauvages, nous devons préserver leur habitat.** Nous, les hommes, occupons de plus en plus de place sur la planète. Si nous ne réagissons pas, il ne restera bientôt plus d'endroits sauvages ! Nous devons réserver des territoires pour laisser les plantes et les animaux y vivre en paix.

▲ Ces manchots vivent en Antarctique. Leur habitat est la glace et l'eau gelée. Comme beaucoup d'animaux marins de cette région, ils sont touchés par le réchauffement climatique.

69 **Les voyagistes proposent de plus en plus de safaris « écologiques ».** Aujourd'hui, les touristes préfèrent aller voir les animaux et les plantes sauvages évoluer dans leur habitat naturel. Appelé l'écotourisme (ou tourisme vert), ce système contribue à préserver la nature !

▲ Des touristes dans une Jeep s'approchent d'une troupe de lions dans une réserve naturelle en Afrique du Sud.

70 **Les réserves naturelles et les parcs nationaux sont des endroits protégés pour les animaux et les plantes sauvages.** Les espèces animales et végétales peuvent y vivre en paix. Des hommes veillent à leur protection : pour ce qui est des animaux, ils les comptent et les préservent des braconniers.

L'écotourisme représente 320 milliards d'euros environ chaque année.

▲ Au fur et à mesure que la population humaine augmente, nous nous approprions de plus en plus de territoires.

71 Préserver les habitats naturels n'est pas toujours facile car nous avons, nous aussi, besoin d'espace. En 2020, environ 7,8 milliards d'hommes vivent sur Terre. Les experts estiment qu'on arrivera à près de 10 milliards en 2050 ! Le pays le plus peuplé du monde est la Chine. En 1970, le gouvernement a décidé de contrôler les naissances : un enfant unique par couple. Encore aujourd'hui, elle représente 20 % de la population mondiale !

72 Tu peux aider à préserver les habitats naturels. Dans les endroits sauvages, laisse les pierres, les coquillages ou les fleurs à leur place. Visite des réserves naturelles, ton argent contribue à leur fonctionnement. N'achète pas de souvenirs faits à partir de coraux, ou d'autres plantes ou animaux, car cela encourage la chasse et la destruction des habitats naturels.

▼ Un plongeur regarde de loin un massif corallien qui abrite de nombreuses espèces de poissons, de crabes et de coquillages.

INCROYABLE !

La Tamise, à Londres, est 10 fois moins polluée qu'elle ne l'était en 1950. Grâce à la lutte contre la pollution, elle abrite plus de 100 espèces de poissons.

Dans les jardins

73 **Si tu as un jardin ou un parc près de chez toi, observe toutes les espèces vivantes qui y habitent.** Les jardins sont des endroits qui, même en ville, peuvent être sauvages. Ils représentent un bon habitat pour les plantes, les insectes et les petits mammifères.

▼ Les hérissons aiment se cacher sous les feuilles mortes. Si tu en as dans ton jardin, donne-leur des bouts de viande, des baies ou du fromage râpé mais surtout pas de lait... ce n'est pas bon pour eux !

74 **Les animaux qui vivent dans la nature préfèrent les jardins non entretenus.** Ainsi, ils peuvent aller comme bon leur semble, sans être vus. Dans ton jardin, laisse des endroits sauvages : des tas de feuilles mortes et des herbes hautes. Les araignées, scarabées, oiseaux et hérissons pourront s'y réfugier !

NOURRITURE POUR LES OISEAUX

Voici quelques idées d'aliments que tu peux donner aux oiseaux de ton jardin : du fromage râpé ; des raisins secs ; des graines de tournesol, de blé, de millet ; du beurre doux ; des fruits secs broyés ; des petits bouts de viande... Attention ! Évite de leur donner des aliments salés ou trop secs comme du pain rassis, des biscottes ou des cacahuètes salées car c'est très mauvais pour eux !

Les abeilles sont en train de disparaître ! Non seulement elles sont les proies de nombreux insectes et oiseaux mais elles sont également victimes des insecticides répandus dans les champs !

▶ Une mésange noire et un écureuil roux grignotent ensemble les fruits secs de cette mangeoire.

▲ La petite tortue est un papillon dont la chenille se nourrit principalement d'orties. Mais, adulte, il aime butiner les fleurs des « arbres aux papillons » (appelés aussi buddleia).

75 Tu peux aider les oiseaux sauvages à mieux passer l'hiver.

75 Tu peux aider les oiseaux sauvages à mieux passer l'hiver. À cette saison, il n'y a plus de baies et les insectes se font rares. Nourris les oiseaux en installant une mangeoire en hauteur (dans les arbres, par exemple) pour éviter que leurs prédateurs terrestres ne viennent les attaquer !

76 Les abeilles, les bourdons et les papillons se nourrissent du nectar des fleurs. Quand ils viennent s'en nourrir, ils récoltent aussi du pollen sur leurs pattes. Tout en butinant de fleur en fleur, ils le déposent et c'est ainsi que les plantes à fleur se reproduisent. On appelle cela la pollinisation. Mais ces insectes sont tués par les pesticides que nous déversons et deviennent de plus en plus rares !

▶ Les tournesols sont excellents pour les animaux sauvages : leur nectar est butiné par les insectes et leurs graines nutritives sont mangées par les oiseaux.

77 Les buissons épais et épineux sont parfaits pour les oiseaux. Certains buissons, comme les ronces ou les aubépines, produisent des fruits (baies) dont les oiseaux se nourrissent. Épais et enchevêtrés, ce sont également des abris sûrs. Les oiseaux y construisent leur nid et se cachent de leurs prédateurs, comme le chat par exemple.

Sauver les espèces

78 Un peu partout dans le monde, on peut acheter des objets fabriqués à partir d'espèces animales menacées. Pourtant, il existe des lois censées protéger les plantes et les animaux mais elles ne sont pas toujours respectées. Dans certains pays, on peut encore trouver de l'ivoire, des peaux, des cornes ou des os qui viennent d'espèces menacées !

◄ Certains perroquets sont capturés quand ils sont petits et vendus comme animaux de compagnie.

79 Les oiseaux exotiques sont attirants mais ils peuvent provenir de capture illégale. Évite d'avoir un animal de compagnie peu courant comme, par exemple, un serpent tropical ou un perroquet car beaucoup sont des espèces menacées, capturées dans leur habitat naturel.

80 Tu peux, avec ta classe, aider un animal en voie d'extinction à vivre... comme le tigre. En payant une petite contribution, tu financeras le zoo ou la réserve qui s'occupe de l'animal. En échange, tu recevras des e-mails voire des photos t'informant de son état de santé. Les zoos et des organisations de protection de la nature peuvent te renseigner sur les démarches à suivre.

En chine, le dauphin du fleuve Yangzi Jiang, appelé aussi baiji, est une espèce déclarée éteinte en août 2007. Il a disparu à cause de la pollution et de la surpêche dont il a été victime.

◀ Un bateau de Greenpeace (à gauche) affronte un baleinier japonais, le Nisshin Maru, dans l'océan Antarctique. Bien que beaucoup de pays aient décidé de ne plus chasser la baleine, certains le font encore. Mais des ONG (organisations non gouvernementales), comme Greenpeace tentent de les arrêter.

INCROYABLE !

Des millions de requins, dont des espèces menacées, sont tués pour leur chair et leurs ailerons. En Chine, on fait de ces ailerons une soupe de luxe très appréciée !

81 Les hommes chassent encore les espèces menacées, même si c'est illégal. De nombreuses personnes à travers le monde sont très pauvres ; ils chassent les tigres pour leur peau ou les requins pour leurs ailerons afin de les vendre à un bon prix. Les gouvernements doivent essayer de réduire cette pauvreté pour aider à la fois les hommes et la nature.

82 Beaucoup de zoos et réserves naturelles tentent d'aider les animaux en voie d'extinction. La plupart mettent en place des programmes de reproduction en captivité. Cela permet aux animaux menacés d'avoir des petits afin de faire perdurer l'espèce. Ce n'est pas toujours facile mais certains d'entre eux y arrivent et sont relâchés dans leur milieu naturel.

▼ En Chine, les pandas géants se reproduisent avec succès dans les réserves. Voici quelques-uns de leurs nouveau-nés !

Les forêts et l'agriculture

83 Chaque année, plus de 12 millions d'hectares de forêt disparaissent dans le monde. Cela représente plus de 1/5ème de la superficie de la France ! Si ces forêts existaient encore aujourd'hui, plus de 20 % du CO_2 que nous rejetons auraient été absorbés. L'homme essaie de reboiser mais nous coupons les arbres bien plus vite qu'ils ne repoussent.

▲ Plus de la moitié de la forêt tropicale qui reste dans le monde se trouve en Amazonie, en Amérique du Sud. Presque un cinquième de la forêt amazonienne a déjà disparu.

▼ Ce graphique montre les causes de la déforestation de la forêt amazonienne.

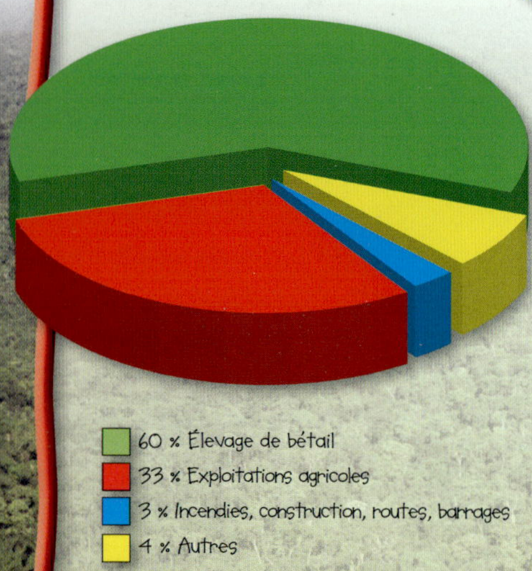

84 Pour sauver nos forêts, il faut réutiliser le bois. Plutôt que d'acheter des objets et des meubles en bois flambant neufs, procure-t'en d'occasion. Si tu décides tout de même d'en acheter des neufs, assure-toi qu'ils soient certifiés « gestion durable des forêts ». Cela signifie que l'on coupe les arbres tout en respectant les forêts.

Les racines des arbres maintiennent la terre en place. Quand on les coupe sur le versant des collines, le sol n'est plus retenu. Cela provoque des glissements de terrain et des éboulements qui peuvent être mortels !

▲ En Indonésie et en Malaisie, de grandes étendues de forêts ont été détruites pour laisser place aux plantations de palmiers à huile dont les fruits sont récoltés pour leur huile. Importés de manière intensive depuis 1960, on en trouve dans de nombreux aliments : margarine, chocolat, pâtes à tartiner et bien d'autres produits !

85 Plus de 10 % des continents de la planète sont exploités par les agriculteurs. Nous en avons besoin pour manger des légumes ou des céréales mais aussi pour nourrir le bétail. Malheureusement, cela a un impact important sur l'écologie. La plupart des terrains cultivés sont utilisés pour un seul type de plante et tous les autres végétaux et animaux vivant sur ces terres n'ont plus d'habitat !

INCROYABLE !

Pendant la préhistoire, les forêts recouvraient plus de la moitié des continents de la planète. Aujourd'hui, presque la moitié de ces forêts a disparu !

86 L'agriculture biologique permet de manger plus sain et d'être écologique. On n'utilise aucun produit chimique comme les pesticides et les engrais, nuisibles aux plantes sauvages, insectes et mammifères. En achetant de la nourriture et d'autres produits biologiques, nous contribuons à une planète plus propre.

► Comme la plupart des fruits secs poussent dans les arbres, les cultiver nous évite de supprimer les forêts.

87 Consommer certains fruits secs peut aider à sauver les forêts. Les noix du Brésil, par exemple, poussent sur les arbres de la forêt amazonienne. Contrairement à leur nom, elles sont cultivées au Pérou ! En les achetant, ces arbres seront préservés plutôt que d'être coupés pour laisser place à d'autres cultures.

Qu'en est-il de nos océans ?

88 Les mers et les océans couvrent près des trois quarts de la surface de la Terre. La pollution déversée, le réchauffement climatique et la surpêche ont un impact énorme sur les hommes mais aussi sur les animaux et les plantes !

INCROYABLE !

Des terres habitées se trouvent sous le niveau de la mer ! Par exemple, un quart du territoire de la Hollande est dans ce cas. Pour éviter les inondations, on a construit des barrages et des digues.

89 La pollution engendrée par l'agriculture par certaines usines et habitations se déverse dans les rivières pour arriver finalement dans la mer. Les végétaux et animaux marins en subissent les conséquences. On a trouvé de nombreuses substances toxiques dans l'organisme de bon nombre d'entre eux, et même des plus grands comme les requins ou les ours polaires !

90 Avec le réchauffement planétaire, les terres près des côtes sont en danger : les marées sont plus fortes, les inondations et les tsunamis plus fréquents ! L'océan grignote ainsi plus de terres continentales et de grandes villes côtières pourraient se retrouver sous les eaux. La menace que représentent ces phénomènes est une des raisons pour lutter efficacement contre le réchauffement climatique, donc notre pollution !

◄ En Thaïlande, des panneaux donnent des mises en garde et des instructions à suivre lors de tsunamis. Le 26 décembre 2004, l'un d'eux a fait près de 5 400 morts. Malheureusement, les tsunamis (raz-de-marée) sont de plus en plus fréquents à cause du réchauffement planétaire.

Certaines ruines de cités, autrefois habitées par les hommes, sont sous la mer depuis des centaines d'années. Elles ont été enfouies dans le passé lors de cataclysmes.

91 Cela fait très longtemps que l'homme pêche. Mais, autrefois, c'était le seul moyen de survivre pour ceux qui habitaient près des côtes. Aujourd'hui, nous capturons tant de poissons que certaines espèces sont menacées de disparition. On appelle cela la surpêche. Pour tenter d'y remédier, des lois donnent aux pêcheurs des limites (quotas) qui les autorisent à ne pêcher qu'une quantité bien précise de poissons.

▼ Des îles situées près du niveau de la mer, comme celle-ci dans les Fidji, pourraient être menacées de disparition si le niveau des océans montait.

▶ La morue est un poisson qui, comme beaucoup d'espèces, est victime de la surpêche dans certaines parties du monde.

92 Les fonds marins contiennent du pétrole. En effet, on y trouve ce combustible fossile – qui nous pollue tant – mais aussi d'autres minéraux. Les forages pour les extraire affectent la faune et la flore marines. Maintenant, les gouvernements commencent à faire des réserves naturelles en mer pour conserver les espèces animales et végétales (comme celles qui existent sur la terre ferme). À l'intérieur de ces réserves, il est interdit de toucher au fond sous-marin !

◀ Les plates-formes pétrolières, comme celle-ci, sont construites autour d'un forage géant qui perce le fond marin pour en extraire du pétrole.

Les ressources en eau

93 On utilise trop d'eau ! Issue de nappes souterraines, de lacs, de rivières et autres, elle est consommée plus vite qu'elle ne se régénère par les précipitations (pluie, neige…). Plus la population mondiale augmente, plus les besoins en eau sont importants…

▼ La plus grande partie de l'eau douce de la planète est gelée ! Le graphique ci-dessous montre la répartition de l'eau douce.

Calottes glaciaires et glaciers 76,5 % — Nappes phréatiques 22,90 % — Rivières et lacs 0,37 % — Sol 0,19 % — Atmosphère 0,04 %

94 L'eau va devenir un gros problème ! Avec la pollution, certains pays subissent de grandes précipitations : la hausse des températures provoque la formation de nuages supplémentaires et donc plus de pluie. Ces inondations polluent les réserves d'eau potable. D'autres pays deviennent plus chauds donc plus arides, ce qui conduit à des sécheresses. Dans les deux cas, le réchauffement climatique conduit à des pénuries d'eau.

▲ Ce bateau est resté échoué dans la mer d'Aral en Asie centrale. Celle-ci s'assèche car son eau a été détournée pour irriguer les cultures.

Ne gaspille pas l'eau : ferme le robinet pendant que tu te brosses les dents ou quand tu te savonnes dans ta douche.

▶ Après une averse, ces villageois au Pakistan tirent ensemble l'eau d'un puits profond.

95 Dans certains pays, l'eau potable vient de la mer.

L'eau de mer est beaucoup trop salée pour être bue. Mais, dans des pays très secs, comme le Koweït, des usines dites « de dessalinisation » existent. Elles extraient le sel de l'eau de mer pour la rendre potable. Ceci dit, ce procédé est coûteux et a besoin de beaucoup d'énergie ; ce n'est pas une solution à long terme.

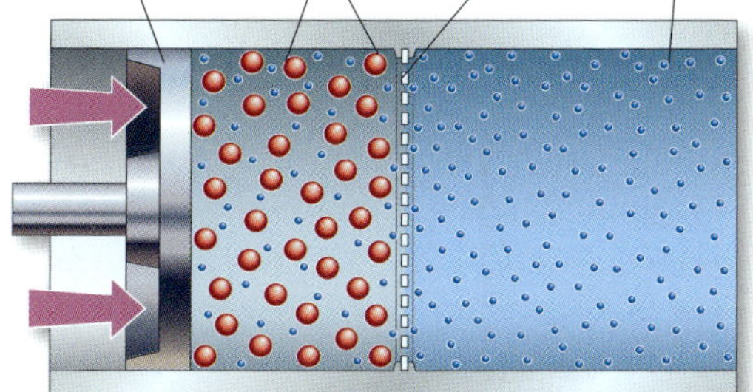

▲ Le sel est extrait de l'eau de mer selon un procédé appelé l'osmose inverse. En forçant l'eau salée à passer par un filtre fin, le sel reste bloqué. C'est ainsi que l'eau devient douce et potable !

96 Avoir un vrai jardin !

Certaines personnes recouvrent leur jardin de pavés ou de carrelage pour en faire une terrasse. Or, quand il pleut, l'eau ne peut plus pénétrer dans le sol et s'écoule sur la surface. Un jardin, constitué de plantes et de terre, permet à la pluie d'entrer en profondeur dans le sol et de remplir les nappes d'eau souterraine qui alimentent les puits et les sources (appelées nappes phréatiques).

▼ Vue aérienne d'une usine de dessalinisation au Koweït.

Notre environnement

97 Le mot environnement signifie l'espace qui nous entoure. Il est formé des différents milieux qui forment la planète Terre. C'est pourquoi un écologiste est aussi appelé un environnementaliste.

98 La Terre change trop vite. Pour préserver l'environnement, nous devons respecter notre planète en la défigurant le moins possible : il faut diminuer la quantité d'ordures que nous produisons, réduire les émissions de gaz à effet de serre, laisser vivre les animaux et les plantes tranquillement dans leur milieu naturel, ne plus utiliser de pesticides… Si tout le monde s'y met, tout cela est possible !

▶ Respectons notre planète et gardons ses endroits sauvages dans leur état naturel… Entre autres, cette forêt de Bornéo n'est-elle pas magnifique ?

RENDS TON ÉCOLE ÉCOLOGISTE

Tu peux demander à ton proviseur l'autorisation d'organiser des actions pour sensibiliser tes camarades sur l'urgence de la protection de notre planète. Voici quelques idées :

- Mets en place des tours pour effectuer la collecte du papier usagé dans les salles de classe et les bureaux puis va les jeter dans le conteneur adéquat.
- Mets des affiches dans les toilettes pour rappeler à tes camarades que l'eau ne doit pas être gaspillée.
- Interroge le personnel de cuisine s'il est d'accord pour composter les restes de nourriture. Si c'est le cas, demande à ton école si elle peut se procurer un bac spécial pour faire du compost.

L'homme est né voici 5 millions d'années seulement sur la Terre qui, elle, est vieille de plus de 4,5 milliards d'années ! En nous modernisant, nous avons causé d'énormes dégâts.

99 Être écologiste est l'affaire de tous. À la maison, éteindre les lumières et économiser l'eau sont des gestes simples. En allant faire ses courses, choisir des légumes d'un producteur proche de chez soi ou refuser les sacs en plastique est facile à faire ! Recycler ou acheter des objets d'occasion plutôt que des neufs peut devenir des automatismes. Tout cela contribue à sauver la planète. Les gouvernements font aussi des efforts en commençant à mettre en place des lois qui limitent la pollution, la déforestation et la surpêche.

100 La Terre est la seule planète où la vie existe ! Immense, on peut y trouver de la place pour tous : les hommes ou autres animaux et les végétaux. Mais tout cela doit se gérer intelligemment et dans le respect de chacun. Il y a urgence car c'est maintenant que se décide le futur de notre Terre. Allons-nous faire d'elle un endroit dévasté et surchauffé ou bien une planète saine où il fait bon vivre ?

Index